UNE PAGE

DE L'HISTOIRE

DU PETIT SÉMINAIRE D'AUTUN

1870-1871

LUE

Par M. DUCHÊNE, Supérieur

A LA DISTRIBUTION DES PRIX PRÉSIDÉE PAR S. EX. Mgr LANDRIOT

ARCHEVÊQUE DE REIMS, ANCIEN SUPÉRIEUR

Le 1er Août 1872

AUTUN

MICHEL DEJUSSIEU, IMPRIMEUR DE L'ÉVÊCHÉ.

1872

UNE PAGE

L'HISTOIRE DU PETIT SÉMINAIRE

D'AUTUN

1870-1871

EXCELLENCE,
BIEN CHERS ENFANTS,

Il y a neuf ans, dans notre dernière fête de famille, je rappelais à vos amis que le petit Séminaire d'Autun était arrivé au cinquantième anniversaire de son installation dans ce splendide établissement; j'avais dû dire le nom du fondateur, Mgr de Roquette la date de la pose de la première pierre, 1669; de sa prise de possession par messieurs de Saint-Sulpice, 1681; rappeler ses épreuves de 1790 à 1813, époque où il fut rendu au diocèse dans un état complet de ruines intérieures.

En retraçant les cinquante années de sa nouvelle vie, je disais que nombreux étaient les prêtres dévoués et savants qu'il avait fournis à l'Église d'Autun; nombreux, ces hommes chrétiens qui portent dans les diverses positions de la vie civile l'exemple du devoir accompli.

Magnifique floraison d'une maison d'éducation

chrétienne, couronnée par ces prêtres, qui illustrent encore par leurs vertus et leur science, les plus hautes dignités de l'Église, le cardinalat, l'archié- piscopat; par ces hommes de guerre, la gloire et l'honneur de l'armée, dont l'un a mérité d'être nommé le *Bayard moderne;* par ces magistrats, hommes d'État et de justice, à la science profonde, à la vertu intègre; par ces chefs de famille, répandant autour d'eux l'exemple du bien.

Depuis, nous avons traversé des jours qui valent des mois, des demi-siècles : l'année 1870-71 nous paraît une de ces époques dont une famille doit garder le souvenir jusqu'aux moindres détails.

Nous n'avons pas été les seuls malheureux, nous le savons : d'autres l'ont été plus que nous, et le sont encore : vous avez connu, Monseigneur, ces dures tristesses de l'invasion que vous compariez à une atmosphère de plomb. Ce n'est point une pensée égoïste qui nous porte à entretenir de nos malheurs l'honorable assemblée qui, aujourd'hui, par sa pré- sence nous donne une preuve nouvelle de sa sympa- thie. Mais nous savons qu'il est utile de se souvenir souvent de ses propres infortunes afin d'apprendre à compatir à celles des autres :

Non ignara mali, miseris succurrere disco. [1]

Vous connaissez, bien chers Enfants, les épreuves de votre Séminaire depuis deux ans; vous les redire,

1. Enéide, i, 631.

n'est-ce pas le trait d'union le plus naturel entre la distribution de 1870 et celle de 1872.

L'année dernière, l'incendie nous força de vous rendre subitement à vos familles, et nous ne pûmes que vous envoyer le résultat de votre travail, de vos compositions. Il y a deux ans, vos ames émues des malheurs prévus de nos frères demandèrent que le prix de vos récompenses fût réservé pour les blessés ; contents du bonheur de coopérer au soulagement des malheureux, comme les vainqueurs olympiques, vous avez tenu à n'offrir à vos parents que de simples couronnes.

Les vacances de 1870 s'étaient ouvertes sous l'influence de ces élans vraiment français, vraiment chrétiens, et vos ames se trouvèrent disposées à sympathiser à nos malheurs, qui, hélas! vinrent trop souvent attrister les joies de votre vie en famille.

Ici, nous ne demeurions pas étrangers à nos douleurs nationales. Une ambulance de cent lits, préparés dans vos salles de classes, attirait par son organisation de nombreux visiteurs et nous donnait l'espérance de prodiguer nos soins à nos frères infortunés, souvent annoncés, et qui n'arrivèrent jamais. — Ces terrasses, témoins de vos jeux pacifiques, prirent déjà un aspect de guerre : certains jours nos gardes nationaux venaient s'y former aux exercices militaires.

Le mois d'octobre venait de commencer : les événements tristes se succédaient rapidement; les esprits devenaient de plus en plus inquiets, et nous nous demandions si la rentrée serait possible.

M. le sous-préfet Marais déchargea les établissements publics des ambulances, approuva les rentrées ; elles inspireraient, disait-il, la confiance aux familles, et les jeunes gens n'interrompraient point leur éducation.

Toutes les inquiétudes que l'on pouvait avoir nous étaient connues ; nous sentions que notre responsabilité pourrait un jour devenir très lourde : qu'importe, la rentrée se fit, moins nombreuse qu'en certaines années, cependant convenable ; les préoccupations des familles étaient légitimes, elles voulaient attendre l'issue des événements que nous suivions nous-mêmes avec une anxiété que nous gardions pour nous.

L'armée de l'Est avait été impuissante à garder les passages importants des Vosges ; l'ennemi menaçait la Franche-Comté, et nous avions quelque raison de nous demander s'il n'envahirait pas nos pays. Nous nous rassurions en nous rappelant que dans les contrées qu'il occupait les institutions avaient été souvent respectées ; nous ne pensions pas qu'une autre invasion nous menaçait, qu'Autun allait devenir le quartier général d'une armée à peu près nouvelle, dite *des Vosges*, presqu'au centre des montagnes du Morvan.

Au commencement de novembre, un incident nous donna des préoccupations sérieuses. Les mobilisés de l'arrondissement avaient été réunis à Autun ; ils formaient trois bataillons plus ou moins complets ; ils avaient été logés chez les habitants. Ces militaires improvisés, très peu enthousiastes de la guerre, regrettaient leurs foyers ; la discipline leur était dure, des plaintes se firent.

Le 4 novembre, M. Frédéric Morin fit solliciter de Monseigneur le licenciement de son grand et de son petit Séminaire ; le Collége devait recevoir un bataillon de ces mobilisés ; les établissements diocésains auraient logés les deux autres.

Le dimanche 6, la réponse à cette demande de M. le Préfet fut portée à qui de droit. L'intérêt de nos enfants, la confiance des familles, l'avenir de nos établissements, ne permettaient pas d'accepter un licenciement complet ; nous offrions de nous prêter à tout ce qui serait possible. M. le Supérieur du grand Séminaire, s'inspirant du décret de Tours, ordonnant que lorsqu'il y avait 2,000 soldats dans une ville sans caserne, ils devaient camper au moins à deux kilomètres, offrit, avec un désintéressement complet, sa maison de campagne. Saint-Martin possède de vastes bâtiments, l'enclos est fermé de murs ; on pouvait y loger de suite un bataillon et avec des barraquements y caserner un régiment et plus, exercer une surveillance sérieuse, avoir sous la main un vaste champ de manœuvres : en attendant que l'on eût pris ces dernières dispositions, nous consentions à recevoir au grand et au petit Séminaire un bataillon de nos compatriotes.

Ces propositions légales nous paraissaient être patriotiques, sauvegarder les intérêts de nos établissements, et même nous les troùvions avantageuses pour les habitants d'Autun. De prime abord, elles parurent étranges, ne furent point acceptées; il fallut y réfléchir et peut-être demander l'avis dé l'autorité préfectorale dont elles pouvaient déranger les plans.

Enfin dans la soirée du mardi 8, elles furent agréées, et l'acceptation en fut portée à Monseigneur.

Il nous paraît utile de noter une coïncidence : Au moment de ces pourparlers, l'état-major de cette armée en formation était à Dôle, où se faisait le renvoi forcé de la maison des RR. Pères Jésuites, et en même temps des recrues se casernaient à Caluire : savait-on en hauts lieux qu'Autun allait devenir un nouveau quartier général, et voulait-on à l'avance lui préparer des logements et éviter un licenciement forcé.

Grand fut notre étonnement, grand fut celui des habitants d'Autun, en apprenant dès le matin du 9 novembre que pendant la nuit l'état-major de cette armée dite des Vosges et 3,000 hommes occupaient la cité et nos églises.

A dix heures du matin, nous reçûmes ordre de nous préparer pour recevoir 600 militaires; le local devait être prêt à midi; le temps était court; à l'heure dite nous étions en mesure, et, au lieu de nos compatriotes, nous reçûmes les francs-tireurs Espagnols armés de toutes pièces, chassepots, révolvers, coutelas et médailles traditionnels; deux compagnies des mobiles des Basses - Alpes, soldats novices, qui commencèrent le pillage de nos jardins et la visite de la maison partout où ils purent pénétrer.

Nous suivions tout ce qui se passait avec une vive anxiété que partageaient nos familles d'Autun ; nous nous demandions ce qui allait advenir. Les démarches dont nous avons parlé avaient affermi notre volonté de ne céder le terrain qu'à la dernière extrêmité.

Le jeudi 10 novembre, à cinq heures du soir, les personnes chargées de pourvoir aux logements militaires nous avertirent elles-mêmes que nous ne recevrions personne. Nous étions dans une tranquillité relative, quand vers neuf heures nous arrivent, sans avis préalable, les tirailleurs d'Oran, au nombre de 40 ; nous nous occupions à les loger, lorsque se présente avec une insolence inouïe un corps se disant zéphirs d'Alger. Leur chef ne les accompagnait pas ; avait-il désiré revoir de suite ses parents qui habitaient Autun, ou, ce qui est probable, craignait-il d'être débordé, et ne voulait-il pas être témoin d'un envahissement qui lui serait pénible.

Ces hommes sans chef pénètrent partout dans l'intérieur, montent l'escalier principal, entrent dans les chambres sur leur passage, ne ménagent point leurs menaces, et parlent de faire lever les élèves, « qui devraient être chez eux pour laisser leurs lits aux défenseurs de la patrie. » La crainte de vexations nous fit juger prudent d'évacuer un dortoir pour le leur céder.

Cette occupation forcée, ces menaces répétées, l'arrivée croissante de ces recrues plus ou moins rassurantes, la crainte de voir l'ennemi à Autun, la nouvelle que les lignes ferrées ne seraient plus livrées au public, notre responsabilité qui devenait lourde, nous firent prendre la résolution de rendre de suite nos enfants à leur famille; cette décision fut transmise à la place; elle arriva au moment où l'état-major décidait l'évacuation des maisons religieuses.

Bien chers enfants, cette nuit du 10 au 11 novembre restera dans la mémoire de vos maîtres comme un souvenir d'angoisses, de douleurs intimes les plus vives, qui, presque à deux ans de distance, nous glacent encore d'effroi. Les rumeurs sinistres qui précédaient l'état-major de cette armée nous étaient connues : nous pensions à vous, à ce cher Séminaire, avec la plus vive sollicitude.

Et vous, il vous souvient de ces cruelles inquiétudes dans lesquelles vous avez passé ces heures de terreur. Pendant que vous étiez censés reposer, nous, vos maîtres, nous préparions votre départ, que nous voulions rendre sûr et le moins pénible possible. Dès les quatre heures, vous fûtes sur pied pour faire rapidement vos préparatifs. Tous nous nous en occupions avec une activité fiévreuse, au milieu de ces militaires étonnés qui encombraient nos corridors, au milieu d'une neige fondue que les tristes rafales d'un vent du nord faisaient pénétrer partout : on eût dit que le temps lui-même s'attristait avec nous.

Il fallait être prêts pour le train de dix heures, le seul laissé à notre disposition; dans ces tristes jours, l'enfance, la jeunesse, n'obtenaient pas le respect que leur ont toujours accordé les peuples.

Grâce à la bienveillance des employés du chemin de fer, il vous fut possible de partir. Quel triste spectacle que celui des camions conduisant vos bagages que vous suiviez mornes et tristes! on eût dit le sauve-qui-peut d'une ville incendiée ou livrée au pillage.

Nos adieux furent silencieux, nos cœurs étaient serrés, nous nous séparions inquiets; nous nous demandions si nous nous reverrions, et dans quelles circonstances. Intérieurement nous priâmes vos anges gardiens de veiller sur vous, sur vos bons maîtres qui vous accompagnaient : grâces soient rendues à Dieu, aucun accident ne vous arriva.

La connaissance de cette occupation nocturne, votre départ précipité, produisirent à l'extérieur une émotion de terreur que l'on cherchait peut-être à faire naître; nous avions demandé la journée entière pour sauvegarder notre mobilier, et à midi salles de classe, réfectoires, dortoirs, tout était occupé, sans ordre, sans surveillance de la part des chefs.

On nous avait envoyé le colonel de la quatrième brigade, ses officiers d'état-major; leur présence, disait-on, protégerait le plus bel établissement d'Autun : indirectement elle nous fut utile. Ces officiers et quelques autres que la loi avait forcément rattachés à cette armée nous montrèrent leur sympathie et nous rendirent quelques services. L'état-major général, les commandants de place, gênèrent quelquefois leurs bonnes intentions : ils gémissaient de ne pouvoir empêcher les désordres dont ils étaient témoins.

Ce jour même, 11 novembre, ému de tout ce qui se disait, se faisait, je crus devoir aller demander à M. Marais si on avait l'intention de renouveler à notre égard les scènes de Dôle, et lui déclarer que nous étions chez nous; qu'ayant renvoyé nos élèves, cédé mon appartement à l'état-major de la quatrième brigade, livré la plus grande partie de nos chambres pour les officiers qui devaient exercer la surveillance sur le casernement, nous ne pouvions faire plus, et que nous ne sortirions que par la force. Je déclarai inviolables au moins les huit chambres où mes vingt-un confrères et moi nous étions retirés, les lingeries, les bibliothèques, les collections, la chapelle. Les meilleures promesses me furent faites; malgré quelques exigences menaçantes, ces lieux ont toujours été respectés.

A partir de ce jour jusqu'à la paix, trente-sept corps différents séjournèrent plus ou moins longtemps au petit Séminaire. Les exercices militaires n'étaient pas leur occupation, ils préféraient les jeux et les cantines.

D'autres ont décrit les costumes plus ou moins bizarres, donné les noms de ces compagnies qu'on eût dit inventées pour une scène de théâtre. Ces corps formaient un mélange extraordinaire : le soldat italien qui avait combattu à Mentana coudoyait un zouave pontifical.....

Autun était le centre où devaient se réunir ces corps en formation, et nous avons vu de près de quels hommes ils étaient composés. L'inquiétude était grande en ville. L'occupation de nos églises, ces prêtres conduits en prison et dont la rencontre avait encore attristé votre départ, les iniques perquisitions de l'Évêché, les vols de Saint-Jean, les tentatives essayées chez nous et ailleurs, répandaient partout un sentiment de terreur auquel nous n'étions pas étrangers.

Restés tous à notre poste, nous comprîmes nos devoirs : à tout prix nous voulions sauvegarder le Séminaire. Pour notre sûreté personnelle, réunis plusieurs dans la même chambre, nous nous organisâmes presque militairement. Nous avions notre quartier général, nos patrouilles de jour et de nuit, toujours faites à deux et avec l'attitude de gens qui montrent qu'ils sont chez eux. Malgré tout il fallut souvent se plaindre à la place, réclamer pour la police générale des officiers de casernement toujours promis, jamais accordés. Les incendies étaient à craindre, officiellement les pompiers furent chargés par la municipalité de veiller : ils faisaient aussi des rondes, et plusieurs fois leur présence nous fut utile pour l'ordre. Notre attitude ferme et calme, de temps en temps nos plaintes énergiques et motivées imposèrent à ces hommes qui nous respectèrent au moins extérieurement, et parfois eurent la prétention de nous donner des preuves de leur estime.

Malgré ces préoccupations militaires, nous pensions à nos élèves d'Autun ; profitant des locaux offerts par quelques familles, nous *allions leur donner des leçons*, les groupant par classe, et MM. les professeurs continuèrent un peu leur enseignement. Nous savions qu'au milieu de ces circonstances le travail était peu sérieux, mais nous affirmions notre vie ; dans les jours plus calmes de l'occupation, ces classes se firent au Séminaire.

Vers la fin de novembre eut lieu la première expédition sur Dijon. Il ne nous resta que la brigade de l'Étoile en formation. Ces 400 hommes, la plupart sans armes, se rendaient justice : on ne les armerait pas, disaient-ils, on savait que ce ne serait pas prudent ; ils nous racontaient qu'ils avaient pris part à l'occupation de Calnire, les galons des ornements d'église avaient servi aux sous-officiers pour marquer leurs grades. Cette compagnie se trouvait alors sous la surveillance d'un sergent qui faisait office d'adjudant. Autrefois nous avions montré de l'intérêt à cet ancien zouave d'Afrique, né à Autun ; il sut s'en souvenir, et nous tenons à lui en rendre un sincère témoignage. Il connaissait ses hommes, et voulut établir huit postes dans l'intérieur de la maison : c'était nous qui établis en quartier général donnions chaque soir la consigne dont nous avions besoin pour nos rondes. Nous étions une véritable place de guerre, on n'entrait au Séminaire que muni de cartes délivrées par ce quartier général ; les personnes qui n'en avaient pas et qui avaient à nous parler, nous étaient amenées escortées de deux soldats et d'un caporal du poste l'arme au bras. En nous souvenant de ces hommes jouant sérieusement au soldat, nous nous sentirions pris de rire si nous ne nous rappelions pas nos malheurs.

La nouvelle des combats de Pasques et de Lantenay arrive : on chante victoire, le général en chef est déjà maître de Dijon, il le sera bientôt de Belfort.

Après ces succès qui furent peut-être un piége de l'ennemi, l'ordre du jour avait été, nous a dit le capitaine d'état-major de la quatrième brigade, qui l'avait reçu lui-même : Souper, coucher à Dijon, — marcher sur une seule colonne ; — enlever les avant-postes à la baïonnette. Le capitaine d'Houdetot, forcé de rester dans ce corps d'armée, ne retrouvait dans cet ordre rien qui lui rappelât ceux qu'autrefois il transmettait, sur la terre d'Afrique, à nos colonnes presque toujours victorieuses. Il était sept heures du soir, la nuit était une nuit de novembre. Hélas ! la fortune militaire est souvent inconstante : à la porte Guillaume les mitrailleuses allemandes changent l'ordre du jour : au premier sifflement des balles la déroute est complète ; aux dires du commandant des Havrais, placés à l'avant-garde, du capitaine d'Houdetot, qui se chargea avec son colonel de surveiller la retraite, entre Dijon et Velars ce fut un pêle-mêle incroyable, une panique indescriptible, parmi ces corps qui se répétaient le sinistre sauve-qui-peut.

Le général en chef et son état-major, transportés par un truck du chemin de fer des Houillères d'Épinac, arrivèrent des premiers à Autun ; leur retour fit connaître la triste nouvelle. Les divers corps en désordre et suivant toutes les directions, pressés de près par l'ennemi, rentrèrent à Autun dans la soirée et la nuit du 30 novembre. Rien n'était prêt pour les recevoir, et ce fut un spectacle navrant de voir ces militaires effrayés, exténués de faim et de fatigue, s'arrêter au premier endroit, sur les escaliers, se coucher sur la terre gelée, sur les dalles froides.

Le 1er décembre, le petit Séminaire était de nouveau occupé : 5,000 hommes au moins se trouvaient consignés dans la maison et l'enclos. A onze heures, nous avions entendu dire au colonel qui surveillait la retraite : Les Prussiens arrivent; vers une heure, cette triste nouvelle s'était répandue en ville. Ici personne ne s'en préoccupait, ou du moins nous n'avons vu prendre aucune précaution. Les douze pièces de la Charente, les six pièces de montagne restaient sur nos terrasses. A cette heure, nous avons entendu le commandant des Charentais donner la liberté à ses hommes jusqu'à quatre heures, heure fixée pour leur départ d'Autun ; vers deux heures nous avons vu charger les malles de notre état-major qui partirent pour Lyon avec les ordonnances : les artilleurs de montagne attelaient leur batterie, ils avaient reçu ordre de suivre la même direction. Vers deux heures et demie, le canon annonce à la ville, à l'armée en désarroi, la triste réalité : l'ennemi est aux portes. Nous fûmes témoin d'un spectacle étrange. Le cri : Aux armes! s'était fait entendre; les militaires qui se trouvaient presque tous en liberté arrivent à la hâte, les uns pour prendre leurs effets, s'enfuir, les autres pour aller au combat : c'était une foule sans ordre, et pas un chef pour réunir ces corps divers qui ont peine à se reconnaître eux-mêmes.

Le Séminaire est vide : au premier coup de canon, les Charentais, qui étaient en ville, ont senti le sang français bouillonner dans leurs veines. En un moment, ils sont auprès de leurs pièces, ils les disposent en batterie, brisent les caissons des munitions, et répondent avec énergie et précision à l'ennemi, auquel ils causent des pertes sérieuses. Avec les artilleurs de montagne, ils ont bien mérité l'éloge de leur ancien évêque : « *Ils sont restés au poste d'honneur pendant que d'autres fuyaient,* et se sont battus comme les forts d'Israël, » *Ceciderunt fortes in prælio* (II Reg. I, 25). Cinquante-trois de ces braves furent mis hors de combat. La première batterie avait tiré son premier coup de canon à Pasques, la deuxième le tira à Autun.

Chaque habitant d'Autun éprouvait les inquiétudes que donne la présence d'un ennemi qui avait quelquefois rappelé les cruautés des barbares du Nord. Notre anxiété était plus grande : le Séminaire se trouvait le point central de la résistance ; quelques obus avaient atteint la maison, l'un d'eux avait failli mettre le feu à la bibliothèque.

Les soins spirituels et corporels, que nous prodiguions aux malheureux blessés, nous enlevèrent quelque peu à nos préoccupations d'incendie et de

2

ruine. Il y eut pour nous un moment pénible en présence de ces malheureux qu'on nous apportait presque de minute en minute : l'ambulance de l'armée, qui avait quitté Autun vers midi avec son matériel, suivait tranquillement la route d'Étang. En un instant, nous vîmes arriver M. le docteur Rérolle, major-général des ambulances de la ville, accompagné d'un ou deux confrères, pendant que les autres se rendaient dans les salles préparées pour recevoir les pauvres blessés. Nos compatriotes accourus en grand nombre, bravaient les obus qui menaçaient, et se multipliaient pour transporter les blessés et confier ces généreux défenseurs d'Autun aux soins des religieuses, devenues subitement ambulancières.Pendant toute cette occupation, ces femmes consacrées à Dieu montrèrent ce que peut une ame de Française aidée de ce dévouement chrétien, que peuvent seuls inspirer la charité et l'oubli de soi. Et pourquoi ne noterions-nous pas que, pendant que nous étions témoins du dévouement de nos concitoyens, nous eûmes la douleur de voir des militaires de la compagnie de l'Étoile, portant képi, chemise rouge, refuser leur concours pour le transport des blessés ; ils préférèrent pénétrer dans le casernement des Charentais, s'introduire dans l'appartement du colonel de la quatrième brigade, et enlever ce qui leur convenait.

Sur les cinq heures, le combat avait cessé ; à sept heures, les troupes étaient rentrées dans leur casernement : au moins trois mille hommes étaient dans

nos murs, cette fois, l'arme au bras, et sur le qui-
vive. Un silence de mort régnait partout, silence
solennel, interrompu seulement par le piaffement
des chevaux de l'artillerie et de l'état-major, prêts à
être attelés ou montés au premier signal.

Ce fut encore pour nous un moment de terribles
angoisses qu'adoucissaient les prières, que tour à
tour nous allions faire auprès des six morts laissés
à notre garde. Les inquiétudes dont nous faisait
part l'état-major étaient grandes, elles augmentaient
les nôtres. Les Prussiens, après une retraite simulée,
étaient revenus près d'Autun. et 1,500 environ se
reposaient et soupaient à Saint-Pantaléon, Saint-
Martin, Saint-Pierre. Ignorant la marche des Prussiens, leur retraite sur Pouilly au milieu de la nuit,
nos officiers pensaient que, par un mouvement tour-
nant, un corps ennemi occuperait les positions qui
dominent la cité, et s'attendaient, dès minuit, à un
bombardement, dont le Séminaire serait le but principal. Informé que nous avions des religieuses, chargées du soin des enfants, le colonel ne voulut pas
qu'elles passassent la nuit au Séminaire, et craignant pour leur sûreté, il se chargea de les con-
duire, avec son aide de camp, au centre de la ville.
Tout conspirait à nous effrayer, même les précautions
qu'on nous disait de prendre en cas de bombardement. Au milieu de ces préoccupations, nous pen-
sâmes au saint Sacrement. Nous craignions l'incendie,
les profanations; nous descendîmes à la chapelle pour
nous communier et consommer les saintes espèces.

La nuit fut longue ; le canon était dans les oreilles. Le jour paru, nos inquiétudes, un peu diminuées, continuèrent à être grandes. Le brave capitaine d'Houdetot, toujours sous l'impression d'un bombardement attendu, nous pressait de ne pas rester tous au Séminaire ; il ne désirait que la présence de quelques-uns d'entre nous, pour la surveillance de la maison et les soins à donner aux blessés et aux mourants.

Le 2 décembre nous apporta une consolation qui soutint notre espoir. Notre statue de la Vierge, placée au centre du feu de l'artillerie, était restée debout, et pendant ce combat de près de trois heures, elle n'avait pas reçu le moindre éclat d'obus. Ce fait extraordinaire avait frappé les artilleurs pendant le combat, même ému quelques officiers de cette armée. Il fut un jour question de la descendre de son piédestal : on ne voulut pas y toucher, on nous pria de l'enlever nous-mêmes. Nous répondîmes que cette statue était notre grand'garde, que nous ne la relèverions pas : elle resta debout.

Au lendemain de ce triste jour, il fallait rendre les devoirs religieux à dix braves, presque tous artilleurs, morts au champ d'honneur et dans les ambulances, et qui avaient eu le bonheur de recevoir les Sacrements de l'Église. La cérémonie se fit dans notre chapelle : elle fut solennellement triste. C'était un spectacle émouvant : dix cercueils étaient rangés dans l'intervalle de vos bancs, le clergé de la Cathédrale, du petit Séminaire, était là, priant pour ces défenseurs d'Autun, qui avaient trouvé la mort sur nos terrasses. Leurs compagnons, des détachements de différents corps, remplissaient ce lieu de vos prières, tous dans l'attitude du recueillement. Plusieurs pleuraient ces frères, tombés à leurs côtés : ensemble ils avaient quitté le pays natal, et y avaient laissé des pères, des mères, des épouses, qui auraient un deuil de cœur à ajouter au deuil national. Plus d'une fois, ces tristes cérémonies se renouvelèrent dans notre chapelle restée inviolable, mais jamais elles ne furent aussi sympathiques.

Nos craintes n'avaient pas cessé avec la retraite des Prussiens ; la perspective d'une nouvelle attaque pesait toujours sur nos têtes, comme une épée de Damoclès.

Nous étions parc d'artillerie, nous devînmes presque un semblant de forteresse. Le génie de l'armée des Vosges voulut mettre Autun à l'abri d'un coup de main. Sur la carte de défense, nous occupions une place des plus importantes ; des épaulements furent élevés autour de nos terrasses, les murs avoisinants furent crénelés : une batterie de 12, destinée à défendre Saint-Martin et le petit Séminaire — au besoin, à en chasser l'ennemi s'il y pénétrait — fut établie aux pieds de la Pierre de Couhard : ces travaux, ces engins protecteurs nous rassuraient fort peu. Ce génie avait parfois des idées lumineuses ; on lui a entendu émettre la pensée de couper quelques-uns de nos magnifiques tilleuls et la partie nord de la promenade : ces arbres pouvaient, disaient-ils, gêner la défense. Ces travaux, quoique exécutés par les mobilisés d'Autun, dont quelques-uns, anciens élèves, trouvaient lourde cette terre qu'ils avaient cultivée autrefois en soignant leurs jardinets, étaient loin de rappeler les ouvrages des légions romaines, qui subsistent encore sur les mêmes lieux, et un général inspecteur ne se gêna pas pour les comparer à des remparts bons dans des combats de boules de neige.

Depuis le milieu de décembre, nous respirions un peu à l'intérieur : nous n'avions plus à loger que les artilleurs de la Charente et les mobiles de l'Aveyron, dignes de figurer auprès des Bretons de Charette, s'ils eussent été mieux armés, mieux dirigés.

Noël approchait. Ces bons chrétiens se souvinrent de leur foi, que soutenait leur zélé aumônier, l'abbé Dalquier, véritable apôtre. Ils voulurent célébrer avec pompe la Nativité du Sauveur. Notre chapelle revit, au milieu de ces tristes jours, une fête qui rappelait et sous certains rapports dépassait celles que votre piété, vos chants rendent si touchantes. Elle dut regretter d'être trop petite ; les militaires ne purent tous y entrer : il fallut faire un office dans un de vos plus grands dortoirs. Il y eut messe de minuit solennelle, communion générale de près de cinq cents assistants ; le lendemain, grand'-messe, vêpres, salut, sermon par un prédicateur extra-ordinaire, chants du pays exécutés par ces braves, heureux d'oublier qu'ils faisaient partie d'une armée commandée par un général ennemi des prêtres. Nous aussi nous voudrions pouvoir oublier que ces murs, qui ont abrité les jeunes années du savant Cardinal, un des conseillers du Souverain Pontife, de l'illustre maréchal, peut-être plus grand à Reischoffen qu'à Magenta, qui ont été témoins des couronnes qui ceignaient leurs jeunes fronts, ont été habités par ces soldats pour lesquels la langue française a trouvé une nouvelle expression qui n'est pas synonyme de victoire, par ces militaires qui, après s'être *repliés* dans divers lieux, sont entrés à Rome par la porte Pia, et aujourd'hui sont peut-être au nombre des gardiens de l'illustre Pie IX.

Vers le 9 janvier, l'armée des Vosges exécuta une nouvelle marche sur Dijon : le petit Séminaire fut une seconde fois évacué ; il ne nous resta plus un soldat. Nous nous sentions libres, et nous comprenions mieux nos inquiétudes. Un seul corps nous arriva pendant ces jours de tranquillité, la Guérilla Noire, qui se montra plus convenable au petit Séminaire qu'elle ne le fut dans les environs d'Autun.

Nous suivions les mouvements des armées sous Dijon, nous participions aux inquiétudes générales, nous nous réjouissions de nos succès en Bourgogne, et nous ne nous doutions pas encore que, pendant les 21, 22, 23 janvier, ces combats étaient un jeu de l'ennemi qui amusait une armée de près de 50,000 hommes, pendant que des corps allemands franchissaient en toute hâte le val Suzon, les gorges aux environs de Plombières, pour couper l'armée de Bourbaki sous Belfort.

L'ennemi avait complétement réussi dans ses plans; il menaçait sérieusement la capitale de la Bourgogne au moment où l'armistice se concluait.

Une deuxième fois le généralissime de l'armée des Vosges bat en retraite; ses soldats, craignant une surprise, s'enfuirent rapidement dans toutes les directions : Autun est occupé une troisième fois. Les 2 et 3 février, le petit Séminaire reçoit un bataillon des mobiles des Alpes-Maritimes, deux bataillons de la 3ᵉ légion des mobilisés de l'Isère.

Les mobilisés de Bourg et de Grenoble, en grand'-garde à Plombières et à Saint-Apollinaire, pendant que le quartier général quittait Dijon, n'apprirent point officiellement la conclusion de l'armistice. Le colonel de l'Isère en fut informé par un officier prussien ; un de ses aides de camp, envoyé au quartier général, confirma la nouvelle en lui annon-çant que, depuis plusieurs heures, l'état-major et l'armée s'étaient repliés.

Arrivé à Autun avec son 3ᵉ bataillon, qui formait comme l'arrière-garde forcée de ces corps en déroute, le colonel de Combarieu, très mécontent, exigea et obtint que son régiment seul serait caserné au petit Séminaire, ne voulant pas être surpris à Autun comme à Saint-Apollinaire; et connaissant l'irritation de ses soldats, il tenait à les avoir tous sous la main.

Ce mécontentement, qu'il nous exprimait avec l'énergie d'un ancien marin, nous fut un bonheur. Les mobilisés de l'arrondissement de Grenoble formaient un régiment vraiment discipliné. Les officiers, anciens militaires, s'occupaient de leurs hommes avec intérêt; plusieurs logeaient au Séminaire, y prenaient leurs repas; la surveillance était active et suivie; les revues se passaient chaque jour; les exercices se faisaient régulièrement; les corvées commandées s'exécutaient avec exactitude. La tranquillité dont nous jouissions ne fut troublée que par les moments d'inquiétude que causèrent les incertitudes de l'armistice.

Pour les entrées à la caserne, une consigne sévère était fidèlement observée, on ne pouvait arriver à nous que muni de cartes ou accompagné militairement. Conservant toujours le souvenir de leur mécontentement de St-Apollinaire, les officiers gardaient une attitude digne vis-à-vis des corps qui avaient quitté Dijon les premiers, surveillaient leurs hommes qui, partageant leurs sentiments, n'auraient pas craint de voir naître une occasion de le manifester.

Notre chapelle restée ouverte, comme en temps ordinaire, recevait chaque matin un certain nombre de ces militaires, de ces officiers, qui assistaient à nos messes et se faisaient quelquefois un plaisir de les servir. Pendant leur séjour à Autun, le Carême arriva, leur zélé aumônier, — aujourd'hui curé d'Uriage, — annonça pour le dimanche, le mercredi et le vendredi, des exercices religieux qui furent régulièrement suivis par un grand nombre.

Autun a conservé un bon souvenir de ces Isériens; leur tenue contrastait avec celle d'autres corps moins arrogants qu'au début de l'occupation, mais dont quelques membres étaient plus osés et fournirent des recrues aux Vengeurs de Paris.

La paix était signée, les corps francs devaient être désarmés, ce fut un moment d'anxiété en ville : nous étions tranquilles au Séminaire, nous savions les dispositions de nos militaires, et nous étions informés que le régiment ne quitterait Autun qu'après le départ de tous les autres militaires.

Enfin le 8 mars, le Séminaire était évacué ; nous annonçâmes la rentrée pour le 18 avril : une réponse du ministre de la guerre à Monseigneur rendait d'ailleurs nos établissements à leur destination première ; le 9 nous étions maîtres chez nous.

L'occupation militaire avait duré quatre mois, et pendant trois mois aucune surveillance sérieuse, autre que celle que nous exercions, n'avait eu lieu sur ces corps divers. Le Séminaire présentait un aspect triste et navrant, on eût dit une maison inhabitée depuis plusieurs années. Les chambres des professeurs cédées aux officiers étaient complètement à réparer, et chaque jour nous y découvrions de nouveaux dégâts ; le mobilier des dortoirs était dans le plus triste état, les parquets avaient besoin de réparations considérables, les carrelages détruits devaient être refaits à neuf ; partout il fallait de nouveaux enduits, de nouvelles peintures, pour effacer les inscriptions plus ou moins convenables ; il fallait remplacer des portes, une grande partie du mobilier des classes et des études ; renouveler de nombreuses serrures enlevées et vendues, etc.

Les murs portaient partout les traces des feux de bivouac établis dans les cours intérieures et extérieures. Ces feux qui s'allumaient dès cinq heures du matin auraient pu offrir à l'étranger indifférent un coup d'œil pittoresque, pour nous il était pénible d'assister à ce spectacle qui laissera longtemps sur nos murs de tristes souvenirs; après avoir consumé nos provisions de bois dont nous avions fait le sacrifice, ces feux dévoraient notre mobilier des classes, des chambres, que nous ne pouvions pas toujours protéger.

Nos terrasses si belles, si propres aujourd'hui, étaient encombrées de paille, d'immondices de toute nature. Les réparations nécessaires pour les rentrées étaient considérables. Le devis dressé par les architectes s'éleva à 19,500 fr. Il a été envoyé aux intendances, et nous n'avons encore rien reçu.

Il fallait se mettre à l'œuvre : le Séminaire présentait un nouvel aspect. Tous les corps de métiers étaient au travail, matelassiers, menuisiers, serruriers, maçons, peintres, tous s'activaient; c'était vraiment le *fervet opus* de Virgile.

Le 18 avril nous étions prêts.

La rentrée se fit avec exactitude, elle fut nombreuse. Nous avions perdu quatre mois, il fallait réparer ce temps précieux : chacun se mit à l'œuvre, maîtres et élèves rivalisèrent de zèle, on voulait combler les lacunes, et nous ne devions sortir qu'à la fin d'août. Une inquiétude nous traversait quelquefois la pensée : l'occupation, la petite vérole qui avait sévi avec rigueur, n'auraient-elles pas laissé des miasmes épidémiques; grâces soient rendues à Dieu, les santés furent parfaites jusqu'à la sortie !

Depuis que les vacances s'ouvrent au commencement de ce mois, la fête de l'Assomption n'avait pas été solennisée au petit Séminaire; c'était pour nous un devoir, un besoin de cœur de la célébrer avec toute la pompe que notre amour, notre reconnaissance, doivent à la Reine du ciel.

A la chapelle, il y eut chants, cérémonies de nos plus beaux jours de fête, et le soir, pour terminer cette belle journée, une touchante procession aux pieds de notre Madone tutélaire, procession que rendait plus solennelle un concours empressé des amis du Séminaire, des parents de nos enfants.

Nous étions heureux et confiants dans l'avenir; chacun était allé prendre son repos. Tout à coup, sur les neuf heures et demie, se fait entendre le cri sinistre : Au feu ! au feu ! Par une imprudence reconnue, le feu s'était déclaré dans une soupente annexée aux infirmeries.

A ce cri d'alarme, tout le monde fut bientôt sur pied, et il nous souvient de la frayeur qui nous glaçait à la vue de ces flammes qui menaçaient de ruiner un établissement échappé aux dangers de l'occupation et du bombardement.

La terreur se répand rapidement en ville. Une foule nombreuse et sympathique est bientôt sur les lieux : chacun veut coopérer à sauver un des monuments d'Autun.

Les autorités, le corps des pompiers, la garnison et ses chefs, les employés de la gare, sont là. Les chaînes s'organisent, les autorités surveillent et activent. C'est un entrain général; les pompes fonctionnent avec vigueur; mais le feu marche toujours. Malgré le calme providentiel de la nuit, il avance avec une rapidité effrayante et presque méthodique, qui fit croire à des préparations malveillantes; il se bifurque sur l'aile de la chapelle qu'il envahit avec fureur, et gagne de plus en plus l'aile principale. Il y eut alors des moments qui furent des heures d'angoisses terribles, et pour tous, surtout pour la foule nombreuse sympathiquement silencieuse qui de la Promenade suivait le fléau dévastateur; ce fut un moment de terreur indescriptible. Le jet strident des pompes, les charpentes coupées, le bruit des tuiles se brisant avec fracas, retombant sur les toitures en zinc, les flammes qui devenaient de plus en plus dévorantes et se reflétaient avec de sinistres lueurs dans l'intérieur de la cour d'honneur, faisaient penser que l'incendie avait envahi l'édifice depuis le rez-de-chaussée jusqu'aux combles, et que dans quelques heures notre beau Séminaire ne serait qu'un monceau de tristes ruines fumantes. Rien d'étonnant que cette crainte d'une heure se soit répandue comme un fait certain.

Deux coupures faites avec intelligence, le jeu énergique des pompes, l'activité fiévreuse de chacun, arrêtèrent enfin le fléau dévastateur; la part du feu était faite, on put respirer; il était minuit. On prit corps à corps le foyer de l'incendie, l'espérance soutenait l'énergie, et à trois heures il nous restait à surveiller ces restes vaincus, toujours prêts à reprendre une nouvelle activité.

Notre première pensée fut une pensée de reconnaissance pour Dieu, pour la sainte Vierge qui avait encore gardé notre Séminaire, protégé les travailleurs et permis qu'aucun accident n'arrivât.

Nous l'avons dit, nous tenons à le répéter bien haut aujourd'hui : jamais nous n'oublierons le concours empressé de tous, des autorités, du corps des pompiers, de la garnison, des hommes de la gare, de toute la ville, qui vinrent à notre secours. A eux la gloire d'avoir conservé à la cité un de ses monuments, au diocèse, à l'Église, une maison d'éducation qui a la prétention de faire un peu de bien et de procurer des ressources aux habitants d'Autun.

A vous aussi, chers enfants, revient une partie de celte gloire : vous avez montré votre amour pour ces murs qui vous abritent; vous ne l'avez cédé à personne en zèle et en activité.

Le jour arrivé. le calme se rétablit; ce fut un triste spectacle, tous voulaient voir les restes du fléau dévastateur; puis chacun s'occupa de recueillir ses hardes, ses livres un peu dispersés, et nous vous rendîmes à vos parents.

Il nous restait la préoccupation grave de nous mettre en mesure pour la rentrée d'octobre : nous venions à peine de terminer les réparations nécessitées par l'occupation militaire, et nous nous trouvions en présence de nouvelles ruines qui nous effrayèrent d'abord.

Nous nous abandonnâmes à la Providence; dès ce jour même elle nous envoya une espérance : des amis du Séminaire nous apportèrent des paroles de consolation, et quelques offrandes en nous disant : Comptez sur tous les anciens élèves.

L'indemnité accordée par la compagnie d'assurances ne paraissant pas suffisante pour couvrir nos dégâts, le comité de la Réunion fraternelle fit entendre un appel de cœur, et nous avons compris combien ce Séminaire était cher à ceux qui y avaient passé leur enfance, leur jeunesse. Merci à ces messieurs qui ont pris l'initiative de cet appel, merci aux élèves, aux amis du Séminaire, dont le concours nous a permis de subvenir aux premières nécessités et d'être prêts pour vous recevoir en octobre.

Je vous ai dit nos malheurs que vous avez écoutés avec bienveillance, je termine par quelques mots plus consolants.

Marie a gardé presque miraculeusement sa statue; c'était nous dire qu'elle avait veillé, qu'elle veillerait sur nous. Elle s'est souvenue, Monseigneur, que vous aviez largement contribué, lorsque nous avons voulu lui donner une image plus digne d'elle, qu'aucune voix plus autorisée que la vôtre ne saurait dire à ces enfants combien elle les aimait, et elle vous a amené au milieu de nous pour les bénir et ouvrir le mois de mai de 1871.

Il y a quelques jours, maîtres et élèves, nous étions

groupés autour de notre vénéré évêque ; nous disions tous nos regrets à ce père, qui pendant vingt ans nous a entourés de son affection paternelle, et qui, il y a quelques jours, a voulu encore nous donner une dernière bénédiction. Nous regrettons son absence ; nous la comprenons : il a voulu revoir et bénir sa famille de Semur ; mais comme une nouvelle preuve de son affection, il a prié Votre Excellence de présider cette dernière fête de famille. Votre présence, Monseigneur, est un adoucissement à notre douleur, pour nous, elle est aussi une satisfaction bien grande. Pendant huit ans, nous avons essayé d'être pour vous un collaborateur dévoué ; en nous laissant le fardeau de cette maison, vous avez bien voulu nous conserver votre affection qui nous honore, nous soutient, l'étendre sur nos dévoués confrères, sur nos chers enfants, que vous êtes toujours heureux de bénir.

Le 21 de ce mois vous serez encore ici comme le centre de la réunion des anciens élèves, fondement de cette association qui doit relier les générations les plus anciennes aux plus jeunes.

BIEN CHERS ENFANTS,

Gardez le souvenir de cette solennité. Vous allez rentrer en famille, jouir d'un repos légitime ; portez-y la pratique des vertus chrétiennes, cet amour sincère du devoir que nous essayons de vous inspirer. Soyez dignes de vos prédécesseurs, que jamais on ne dise de vous que vous vous êtes repliés devant votre devoir. Son Excellence Monseigneur de Reims par sa présence bénit vos couronnes, qu'elles soient un pronostic de celles que Dieu vous réserve; qu'elles vous rappellent de le servir avec l'énergie du chrétien qui ne doit jamais oublier que servir Dieu, c'est régner : *Cui servire regnare est.*

Vous qui nous reviendrez, rapportez un amour toujours croissant du travail, un désir toujours puissant de la vertu. Que sous ces toits nouvellement réparés et qui rappellent le grand siècle, vous soyez une génération d'hommes à l'ame forte, au caractère élevé ; vous trouverez vos maîtres heureux d'être pour vous des pères, si j'osais, je dirais des mères, dont l'unique ambition sera de travailler à préparer de bons chrétiens, d'excellents prêtres qui consoleront l'Église dans ses tristesses, des citoyens dévoués heureux de coopérer ainsi à la régénération religieuse et sociale de notre chère France.

CORPS

QUI ONT ÉTÉ CASERNÉS AU PETIT SÉMINAIRE

PENDANT LA GUERRE 1870-71.

ARRIVÉE	NOMS	DÉPART
Novembre 1870.		Novembre 1870.
9	Mobiles des Basses-Alpes, un bataillon, 550 hommes.	19
9	Légion espagnole garibaldienne.	9
10	Eclaireurs du Doubs, ou francs-tireurs-Francs-comtois, 300 hommes ; commandant M. Ordinaire.	13
10, 9 h. soir	Tirailleurs d'Oran, 40 hommes.	15
10. 9 h. soir	Zéphirs d'Alger, 150 hommes.	11
11	Francs-tireurs des Vosges, 100 hommes.	14
	Volontaires de Vaucluse, 120 hommes.	
	Mobiles des Basses-Alpes. 2ᵉ bataillon.	19
	Etat-major de la 4ᵉ brigade ; colonel Riccioti Garibaldi ; capitaine d'état-major d'Houdetot.	
12	Chasseurs du Havre, 150 hommes: commandant de Amone.	14
13	Tirailleurs d'Alger.	15
13	Artilleurs mobiles de la Charente-Inférieure, 2ᵉ batterie ; capitaine Senné.	20
15	Chasseurs des Alpes garibaldiens. la plupart Italiens. 500 hommes.	20
19	Eclaireurs du Rhône, 160 hommmes, composés de volontaires du Midi, de Maine-et-Loire ; capitaine Rondy.	20
19	Génie Lyonnais, sans armes, sans habits militaires.	
19	Chasseurs de la Croix de Nice, 50 hommes : capitaine Gand.	24

ARRIVÉE	NOMS DES CORPS	DÉPART
Novembre 1870.		Novembre 1870.
20	Eclaireurs républicains de la Loire, 80 hommes.	24
22	Mobiles de l'Aveyron. 1er bataillon.	24
25	Première expédition de Dijon. Plus de soldats au Séminaire.	
26	Enfants perdus de Paris, 50 hommes, battus près de Dijon.	28
	Jeunes gens du Chalonnais.	Décembre 1870.
27	Garibaldiens dit de l'Etoile en formation, 250 hommes ; sergent-adjudant Seguin.	2
28	Francs-tireurs Toulousains ; capitaine Gryybovsky, 100 hommes.	18
		Novembre 1870.
29	Francs-tireurs de la Savoie, 50 hommes.	30
30	Francs-tireurs de l'Aveyron. 70 hommes.	Décembre 1870.
		4
30	Artilleurs mobiles de la Charente, 3e batterie, 150 hommes.	5
30	Mobiles des Alpes-Maritimes, 500 hommes.	1
	Francs-tireurs du Jura.	6
30	Compagnie Nicolaï.	18
30	Francs-tireurs des Vosges.	15
30	Francs-tireurs d'Alger, 90 hommes.	Janvier 1871.
	1re et 2e batteries de montagne, servies par des soldats du 45e.	10
30	Mobiles de l'Isère.	Décembre 1870.
30	Chasseurs de la Croix de Nice.	9
30	Compagnie des télégraphes.	
30	Régiment des mobiles de l'Aveyron.	
30	Chasseurs du Havre.	1
30	Plusieurs débris de corps divers.	
Décembre 1870.		
3	Francs-tireurs de la Savoie.	18
19	Francs-tireurs Toulousains ; capitaine Gryybovsky.	23
19	Francs-tireurs des Vosges.	23
		Janvier 1871.
24	Détachement du 3e hussards.	29

ARRIVÉE	NOMS DES CORPS	DÉPART
Décembre 1870.		Décembre 1871.
26	Batterie de montagne dite 6e de l'armée des Vosges.	
27	Six mitrailleuses, sans servants.	29
Janvier 1871.		Janvier 1871.
6	Divers garibaldiens venus de Nuits.	8
		Février 1871.
27	Guérilla noire.	14
Février 1871.	Mobiles des Alpes-Maritimes, 1er ba-	
2	taillon.	4
2	Batterie de montagne dite 6e de l'armée des Vosges.	4
	Plusieurs corps en déroute.	Mars 1871.
3	Mobilisés de l'Isère, 2e et 3e bataillons.	4
4	Mobilisés de l'Isère, 1er bataillon ; colonel de Combarieu.	8
Mars 1871.		
4	Recrues garibaldiennes de l'Isère.	6

Le 30 novembre 1870, l'armée des Vosges, après une tentative malheureuse contre Dijon, achevait de se replier sur Autun, et le lendemain 1er décembre, à deux heures du soir, elle était attaquée par une colonne prussienne lancée à sa poursuite. L'*Écho de Saône-et-Loire* du 3 décembre rapporte ainsi les incidents du combat qui concernent le petit Séminaire :

« Jeudi, vers une heure, nous achevions d'écrire les lignes qui précèdent et nous allions les terminer par cette phrase : « On est sans nouvelles de la marche des Prussiens dans » notre direction », lorsqu'on vint nous dire que l'ennemi était installé à Lormes, à Saint-Martin, à Saint-Pierre, trois hameaux situés au nord et à l'est d'Autun, sur un terrain légèrement relevé et adossé à des bois, à deux kilomètres de la ville.

» Quelques minutes après, un coup de canon nous annonçait que ces messieurs étaient prêts.

» Et nous, étions-nous prêts?

» Notre artillerie était établie au petit Séminaire; elle répondit vaillamment à l'artillerie prussienne.

» Au faubourg d'Arroux, à Saint-Jean, les maisons aux abords de la voie du chemin de fer, ont beaucoup souffert des boulets, des obus... Mais le principal objectif des artilleurs prussiens était l'artillerie française parquée au petit Séminaire. »

L'artillerie dont il est parlé dans ce rapport comprenait deux batteries de campagne de la mobile de la Charente-Inférieure et une batterie de montagne. Ces dix-huit pièces étaient disposées sur l'esplanade du Séminaire. autour de la Vierge du jet-d'eau. Les artilleurs furent héroïques et sauvèrent la Ville et le Séminaire. Aussi, dans son ordre du jour du 2 décembre, le commandant de l'armée félicitait *spécialement l'artillerie de campagne et de montagne* et quelques corps, mais flétrissait énergiquement ceux que le bruit du canon ou de la fusillade avait mis en fuite.

Le combat avait duré deux heures et demie ; une pluie d'obus avait éclaté autour de ces artilleurs qui ne pouvaient presque pas modifier les positions de leurs pièces, trop nombreuses pour l'emplacement, tandis que l'ennemi modifiait les siennes dès que nos excellents pointeurs avaient rectifié leur tir. Des cinquante-trois braves mis hors de combat, six Charentais avaient été frappés à mort près de leurs canons. Plusieurs obus avaient atteint la maison et failli mettre le feu à la bibliothèque, et cependant la statue de la sainte Vierge, placée au milieu des trois batteries françaises, exposée à tous les coups des pièces ennemies, ne fut pas même effleurée par le moindre éclat, quoiqu'un obus, comme pour justifier la précision du tir ennemi, vint se briser sur un des gradins. Ce fait étonnant frappa les soldats qui combattaient au pied de Marie, les officiers de la place, la ville et bien des visiteurs peu suspects de mysticisme, qui constatèrent cette préservation. On attendait un retour offensif de l'ennemi. La position du petit Séminaire, jugée très importante, dut recevoir quelques fortifications, retranchements et épaulements, pour mettre nos artilleurs à couvert des projectiles ennemis. Les officiers chargés de la défense se demandèrent alors si la statue devait demeurer en place ; on craignait qu'elle ne servit de point de mire. Parmi eux, les indifférents jugèrent qu'elle pouvait rester ; un obus en aurait bientôt fait justice comme d'un morceau de pierre : d'autres auraient désiré qu'elle fût descendue. de peur qu'elle ne fût endommagée : mais ils ne voulaient pas en donner l'ordre ni en prendre la responsabilité : était-ce le résultat de l'émotion causée en ville par le fait du 1er décembre ? Une démarche officieuse fut faite auprès de M. le supérieur ; sa réponse fut précise : Au 1er décembre, la sainte Vierge a protégé sa statue et le Séminaire ; mes prédécesseurs l'ont établie sur son piédestal comme notre palladium. Pour nous, elle est notre grand'garde ; elle est à son poste comme une armée rangée en bataille ; je ne me reconnais pas le droit de la relever....., et la statue resta.

Autun, Michel Dejussieu. imprimeur de l'Evêché. 972

COMBAT D'AUTUN
Plan du Champ de Bataille
B.ie Prussienne
St Martin
B.ie Prussienne
B.ie Prussienne
St Symphorien
B.ie Prussienne
St Pierre
B.ie Prussienne
St Pantaléon
Chemin de Fer
R.te d'Arnay
Ruisseau
R.te de Nolay
R.te de Chalon
Pont l'Evêque
Promenade
Batteries Françaises
A
B
C
A   Statue de la Vierge
B   Jet d'eau
C   Petit Séminaire
AUTUN
Lith. Dejussieu à Autun